Vavila Popovici

CUGETARI /

REFLECTIONS

(2023)

CUGETĂRI /

REFLECTIONS

(2023)

Vavila Popovici

Tehnoredactare: Vavila Popovici
Traducere: Vavila Popovici
Corectare: Vavila Popovici
Coperta: Teodora Stoica

Technical editing: Vavila Popovici
Translation: Vavila Popovici
Correction: Vavila Popovici
Cover: Teodora Stoica

A fi stăpânit de sentimentul iubirii înseamnă să simţi nevoia de-a fi cu o persoană iubită în fiecare moment, să simţi că-ţi este sprijin, că nu eşti singur niciodată, ci veşnic – doi, la bine şi la rău, la bucurie şi la greu. Să nu-ţi doreşti în nici un moment al vieţii ruperea „iubirii în doi”. Să încerci tot ce se poate, pentru a rămâne nedespărţiţi. Oricând, dacă se va căuta în sufletul celor doi, se vor găsi urme de iubire cu ajutorul cărora cuplul nu se va desprinde. Se poate trăi mult şi bine cu acea urmă de iubire: E totuşi ceva, mai mult decât a fi unul singur, „mai mult ca nimic”.

*

To be mastered by the feeling of love means to feel the need to be with a loved one at every moment, to feel that you are supported, that you are never alone, but forever - two, for better and for worse, for joy and hard. Don't wish at any moment of your life to break "love in two". To try everything possible to stay inseparable. At any time, if one searches in the soul of the two, traces of love will be found with the help of which the couple will not separate. One can live long and well with that trace of love. It is still something, more than being alone, "better than nothing".

***

„Nu toți oamenii sunt culți, dar toți oamenii trebuie să aibă respect pentru cultură". Cultura se moștenește. Ea se transmite de la o familie la alta, de la o generație la alta;. Dacă moștenitorul o respectă și îi aduce un plus, ea devine mai bogată. Și dacă oamenii unei țări au respect pentru păstrarea culturii moștenite, precum și

dorința de a o lărgi, atunci țara devine mai bogată. Va fi terenul cultivat pentru hrana sufletească a oamenilor acelei țări.

*

"Not all men are cultured, but all men must have respect for culture." Culture is inherited. It is passed down from one family to another, from one generation to another. If the heir respects her and brings her an addition, she becomes richer. And if the people of a country have respect for the preservation of the inherited culture, as well as the desire to expand it, then the country becomes richer. It will be the cultivated land for the soul food of the people of that land.

***

Este adevărat: Nici o floare nu crește la umbra unui copac, dar, lăsată-n soare, fără umbra unui nor, se pârjolește ușor.

*

It is true: No flower grows in the shade of a tree, but left in the sun, without the shadow of a cloud, it easily scorches.

***

Cărţile au suflet şi soartă, datorată sufletului celui care le scrie, dar şi a sufletelor pe care le descrie.

*

Books have soul and fate, due to the soul of the one who writes them, but also to the souls they describe.

***

Orice om care, în viața asta pământească, binele țării a dorit, dar în acțiunile sale a mai și greșit, odată plecat, n-ar trebui blamat. Ci iertat. De aceea se și spune: „Despre morți – numai de bine!".

*

Any man who, in this earthly life, desired the good of the country, but in his actions also made a mistake, once he left, should not be blamed. But forgiven. That's why they say: "About the dead - only good!".

***

Pentru a putea merge corect înainte, mai trebuie să întorci din când în când capul înapoi.

*

In order to be able to move forward correctly, you still have to turn your head back from time to time.

***

Instruire înseamnă cunoaştere şi educaţie. Ea trebuie să fie prima condiţie pentru progres şi valabilă pentru toţi: „De la vlădică până la opincă".

*

Training means knowledge and education. It must be the first condition for progress and valid for all: " from head to toe".

***

Cu cât cunoaşterea noastră creşte, va trebui să ne crească şi responsabilitatea acţiunilor. Altfel, la ce ne-ar mai folosi strădania cunoaşterii?

*

As our knowledge increases, so must our responsibility for our actions. Otherwise, what would be the use of our pursuit of knowledge?

***

Literatura, precum ştiinţa, nevoie are, de un timp de afirmare.

*

Literature, like science, needs time to assert itself.

***

*Dacă iubim a noastră viață, să cerem Domnului,
un plus de ani și forță sufletească.*

*

*If we love our life, let's ask the Lord for more
years and strength of soul.*

***

*Poți domina prin înțelepciune sau prin violență.
Doar prima cale poate dura o viață.*

*

*You can dominate by wisdom or by violence.
Only the first path can last a lifetime.*

***

Există înfrângeri, pierderi care nu coboară, ci înalță. Există deci, și-aici – o speranță.

*

There are defeats, losses that do not lower you, but elevate you. So there is hope here too.

***

Omul vine pe lume ca o „promisiune" a binelui, dar poate îmbrățișa și răul acestei vieți. Istoria ne-a dovedit acest fapt.

*

Man comes into the world as a "promise" of good, but he can also embrace the evil of this life. History has proven this fact to us.

***

Poezia este cel mai frumos dar dat de Dumnezeu omului. Prin poezie omu-şi dansează, cântă şi strigă – viaţa. Poetul este căutătorul, răscolitorul iubirii şi liniştei sufleteşti.

*

Poetry is the most beautiful gift given by God to man. Through poetry one dances, sings and shouts – life. The poet is the seeker, the stirrer of love and peace of mind.

***

Poezia e alchimia sufletului (analiza subtilă a lui); precum o reacţie chimică, ea ne tulbură, ne mişcă, ne fascinează.

*

Poetry is the alchemy of the soul (its subtle analysis); like a chemical reaction, it disturbs us, moves us, fascinates us.

***

În scriere nu ar trebui să existe reguli impuse. Regulile le faci tu, cel care scrii, fiindcă scrisul este al tău, este o lume a ta, în afara celei pe care ochii tăi o pot zilnic vedea.

*

There should be no set rules in writing. The rules are made by you, the one who writes, because the writing is yours, it is a world of yours, apart from the one that your eyes can see every day.

***

Desfrânarea a fost intenția cultivată de unii în numele libertății, sinonimă cu cuvintele corupție, depravare. Mulți tineri nu au fost conștienți de acest fapt, distrugându-și viețile.

*

Debauchery was the intention cultivated by some in the name of freedom, synonymous with the words corruption, depravity. Many young people were not aware of this fact, destroying their lives.

***

Una dintre țintele desfrânării este distrugerea familiei.

*

One of the targets of fornication is the destruction of the family.

***

Unii oameni s-au îmbogățit, mulți au sărăcit și între ei cei care muncesc „pe rupte", duc „greul" acestei lumi, agonisind firimiturile celor bogați. Se putea altfel? Nu cred! Întotdeauna au existat și vor exista alături de oamenii harnici și cinstiți – leneșii și profitorii. Dar la procente cred că se mai poate umbla.

*

Some people have become rich, many have become poor, and among them are those who work "for scraps", carry the "burden" of this world, agonizing over the crumbs of the rich. Could it be otherwise? I do not believe! They have always existed and will exist alongside the hardworking and honest people – the lazy and the profiteers. But in terms of percentages, I think he can still walk.

***

Se spune că „Nimicul" este mai sărac cu o lume și trebuie îmbogățit. De ce? Fiindcă nimicul este asemenea unui compus nesaturat având valențe libere, gata de a atrage ceva care să-l definească, substanță să-l numească. Acel „ceva" ar trebui cu grijă pregătit!

*

It is said that "Nothing" is a world poorer and needs to be enriched. Why? Because nothingness is like an unsaturated compound having free valences, ready to attract something to define it, substance to name it. That "something" should be carefully prepared!

***

Iluzia este o taină la care ajungi cu simţurile tale îmbogăţite. Ea nu are stabilitate, dar pentru câteva clipe te fericeşte; apoi curge înspre eternitate.

*

Illusion is a mystery you reach with your heightened senses. It has no stability, but for a few moments it makes you happy; then flows into eternity.

***

Una dintre bunicile mele era foarte harnică. Bunicul – mai delăsător. Bunica îl ruga să facă un lucru „acum!" Bunicul îi spunea: „am altă treabă acum. Voi face mâine, când voi avea timp şi când va veni poate cineva să mă ajute". Şi bunica pleca de lângă el, repetând ca pentru sine: „Mâine, nu azi, mâine, poimâine..." Iluzia bunicului era că va găsi timp pentru a-i satisface dorința bunicii și pe cineva să-l ajute, deși timp, în realitate, putea fi găsit. Iluzia bunicii era că se va putea rezolva „mâine, poimâine...". Și amândoi trăiau cu iluzii. Dar, viața mergea înainte...

*

One of my grandmothers was very hardworking. Grandfather – more reckless. Grandma was asking him to do something "now!" The grandfather told her: "I have other work now. I will do it tomorrow, when I have time and when maybe someone comes to help me". And the grandmother walked away from him, repeating as if to herself: "Tomorrow, not today, tomorrow, the day after tomorrow..." The grandfather's illusion was that he would find time to satisfy his grandmother's wish and someone to help him, although time, in reality , could be found. Grandma's illusion was that it would be solved "tomorrow, the day after tomorrow...". And they both lived with illusions. But, life went on...

***

Puterea poate duce la distrugere sau la renaştere.
Depinde de calitatea celor care deţin puterea.

*

Power can lead to destruction or rebirth. It
depends on the quality of those who hold the
power.

***

Când te îndrăgosteşti de ceva sau de cineva nu o
faci mai întâi din înţelepciune, din raţionament,
ci din impulsul inimii care te trimite în acea
direcţie. Numai apoi intervine judecata care, cu
greu poate schimba întâiul, puternicul tău
simţământ. Rob al inimii, de cele mai multe ori,
rămâi.

*

When you fall in love with something or someone, you don't do it first from wisdom, from reasoning, but from the impulse of the heart that sends you in that direction. Only then does judgment intervene, which can hardly change your first, strong feeling. Slave of the heart, most of the time, you stay.

***

Există dorința de a te desprinde de singurătate, a descoperi viețile altora, în speranța găsirii unor frumuseți, unor învățăminte. Este ca și cum ai pleca din semi-întuneric și ai intra în grădini luminate. Și... când luminile grădinii vor începe să se stingă, te vei întoarce la a ta singurătate...

*

There is a desire to break away from loneliness, to discover the lives of others, in the hope of finding some beauty, some learning. It is like leaving semi-darkness and entering lighted gardens. And... when the garden lights begin to fade, you will return to your solitude...

***

Ca să te dăruieşti trebuie să ai ce dărui. Dacă nu ai, dacă eşti gol pe dinăuntru ce poţi dărui? Cine, în braţele sale, aşa gol, te va primi?

*

To give yourself, you must have something to give. If you don't have it, if you are empty inside what can you give? Who, in his arms, so empty, will receive you?

***

Costurile unei evadări sunt foarte mari. Cântarul minții tale nu va fi îndeajuns, se pare!

*

The costs of an escape are very high. The scale of your mind won't be enough, it seems!

***

Sufletul nu poate arde fără scânteie. Și scânteia sufletului e de natură divină!

*

The soul cannot burn without a spark. And the spark of the soul is of a divine nature!

***

Toți oamenii meditează: unii mai puțin, alții mai mult. Unii trag concluzii asupra vieții, intervin, acționează, alții lasă scena vieții deschisă așa zisului destin.

*

All people meditate: some less, some more. Some draw conclusions about life, intervene, act, others leave the stage of life open to so-called destiny.

***

Mlaștina politicienilor trebuie asanată! Dar cine și cum să o facă, când ei se cred zei?

*

The swamp of politicians must be cleared! But who and how to do it, when they think they are gods?

***

Ascultarea, din care se poate câştiga foarte mult este darul oamenilor calmi şi respectuoşi. Copiii, tinerii trebuie să asculte spusele celor bătrâni, adică să aibă urechi şi nu voci; apoi să judece singuri.

*

Obedience, from which much can be gained, is the gift of calm and respectful people. Children, young people must listen to the words of the elders, that is, have ears and not voices; then judge for yourself.

***

Doar înțelepciunea, care cumulează cunoașterea, înțelegerea, experiența și intuiția – pe care Leonardo Da Vinci o numea „fiica experienței" – va putea salva lumea! Câți oameni au aceste calități pentru a rezolva problemele vieții? Mulți sunt neghiobii, puțini înțelepții!

Biblia ne vorbește despre strigătul Înțelepciunii: „Oamenilor, către voi strig și spre fiii oamenilor se îndreaptă glasul meu. Învățați-vă minte, proștilor, și înțelepțiți-vă, nebunilor!" (Pildele lui Solomon).

*

Only wisdom, which accumulates knowledge, understanding, experience and intuition – which Leonardo Da Vinci called "the daughter of experience" – will be able to save the world! How many people have these qualities to solve life's problems? Many are fools, few are wise!

The Bible tells us about the cry of Wisdom: "Men, to you I cry, and to the sons of men my voice goes out. Be wise, you fools, and be wise, you fools!" (Parables of Solomon).

***

Trăim într-un univers al iubirii. Un univers dominat de această forță nevăzută, magnetică. Să fie iubirea un fluid sau un eter imaterial care ne penetrează partea ființei materiale? Ce păcat că există printre noi oameni care au îmbrăcat pelerinele urii și nu pot fi penetrați/scăldați de acest eter/fluid cald al iubirii! Ce păcat!

*

We live in a universe of love. A universe dominated by this unseen, magnetic force. Is love a fluid or an immaterial ether that penetrates the part of our material being? What a shame that there are people among us who have put on the cloaks of hate and cannot be bathed by this warm fluid of love! What a shame!

***

Timpul gândeşte, timpul vorbeşte! Omul? Sclav al timpului, repetă umil.

*

Time thinks, time speaks! The man? Slave of time, he repeats humbly.

***

Să nu scuturăm fermitatea gândurilor noastre formată cu trudă în timp. Darul ascultării nu oricui trebuie dat!

*

Let us not shake the hard-earned firmness of our thoughts over time. The gift of obedience is not to be given to everyone!

***

Doamne, cine aruncă dimineața cu pietre, în geamul sufletului meu, trezindu-l?

*

God, who throws stones in the morning, at the window of my soul, waking it up?

***

Cunoașterea, fiind reflectarea lumii în mintea noastră, spiritualizează materia trupului nostru, dându-i expresie prin gesturi, atitudine și vorbire. Dacă vom trăi într-o lume frumoasă, și trupurile noastre se vor înfrumuseța.

*

Knowledge, being the reflection of the world in our mind, spiritualizes the matter of our body, giving it expression through gestures, attitude and speech. If we live in a beautiful world, our bodies will also become beautiful.

***

Materia se naşte din energia spirituală şi rămâne legată de spirit care îi oferă valoare şi sens.

*

Matter is born from spiritual energy and remains bound to spirit which gives it value and meaning.

***

Așa zis-a fericire va fi direct proporțională cu timpul acordat viselor și invers proporțională cu timpul acordat amintirilor. F=V/A
Cauza: sufletul reține cu preponderență amintirile dureroase. Constantin Noica spunea, și avea dreptate, că „durerea lasă urme în memorie, în vreme ce plăcerea, doar o mângâie ușor".

*

So said happiness will be directly proportional to the time given to dreams and inversely proportional to the time spent on memories. F=V/A
The reason: the soul mainly retains painful memories. Constantin Noica said, and she was right, that „pain leaves traces in the memory, while pleasure just gently caresses it".

***

În fața prostiei sau furtului, orice om inteligent și cinstit se simte dezarmat. Dar aceasta nu înseamnă să renunțe la lupta împotriva prostiei și a hoției, spre binele lui și a societății în care trăiește.

*

In the face of stupidity or theft, any intelligent and honest man feels disarmed. But this does not mean giving up the fight against stupidity and thievery, for the good of himself and the society in which he lives.

***

Mulțumit de viață un părinte va fi, doar dacă fericirea copiilor săi o va simți.

*

A parent will be satisfied with life, only if he feels the happiness of his children.

***

Suferința unui părinte la bătrânețe va fi suma suferințelor sale și a copiilor săi. Mai sunt și cazuri când bucuria unui părinte la bătrânețe poate fi suma bucuriilor sale și ale copiilor săi. Dar, mai rar!

*

A parent's suffering will be the sum of his and his children's sufferings. There are also cases when a parent's joy in old age can be the sum of his and his children's joys. But, less often!

***

Dumnezeu a încuviințat ca femeia să vadă ce poartă nouă luni în pântec și a nu săvârși păcatul de a fi pruncul lepădat, decât prea bine motivat. Motivaţia unei femei ar trebui ascultată. Este vorba de sufletul ei. Şi-apoi, să se roage întruna pentru a-i fi păcatul iertat. Este o părere logică şi creştinească.

Problema este desigur greu de judecat: Poate fi pedepsit un copil pentru faptele rele ale tatălui său? – Nu ar trebui! Femeia poate fi pedepsită să poarte în pântece şi să nască acel copil conceput în afara iubirii? – N-ar trebui!

În Biblie scrie: „Prin credinţa în Hristos şi pocăinţă autentică, toate păcatele pot fi iertate" (Ioan 3:16, Romani 8:1, Coloseni 1:14).

Poate ar fi bine să lăsăm problema pentru momentul întâlnirii noastre cu Dumnezeu. EL va judeca!

*

God allowed the woman to see what she carries nine months in the womb and not to commit the sin of being the rejected child, except with very good reason. A woman's motivation should be listened to. It's about her soul. And then, let him pray together to be forgiven his sin. It is a logical and Christian view. The question is of course difficult to judge: Can a child be punished for the bad deeds of his father? – Should not be! Can the woman then be punished for carrying in her womb and giving birth to that child conceived outside of love? – You shouldn't! In the Bible it is written: "Through faith in Christ and genuine repentance, all sins can be forgiven" (John 3:16, Romans 8:1, Colossians 1:14). Perhaps it would be better to leave the matter for the moment of our encounter with God. He will judge!

***

Când pledezi pentru ceva, trebuie să ai și o viziune cât mai clară, a ceea ce va urma.

*

When you advocate for something, you must also have a vision as clear as possible, of what may follow.

***

Prea mult îmi pleacă gândurile spre trecut. O fi semn de bătrânețe? Am uneori senzația că eu merg spre el, și el, în același timp – spre mine. Eu știu sigur ce doresc de la el: să-mi permită să-l văd clar și bine. Nu știu ce dorește el de la mine! Dacă chiar nu-i convine ceva, nimic din cea fost nu se poate schimba...

*

My thoughts wander too much to the past. Will it be a sign of old age? I sometimes have the feeling that I am walking towards him, and he, at the same time - towards me. I know for sure what I want from him: to allow me to see him clearly and well. I don't know what he wants from me! If something really doesn't suit him, nothing from the past can change...

**

Vreau să cred că orice om şi-a dorit ridicarea pe o treaptă superioară a vieţii, desprinderea sa de animalitate. Şi dacă a vrut s-a şi străduit, nu înţeleg de ce acum, unora li se face negru în faţa ochilor la privirea treptelor?

*

I want to believe that every man wanted to rise to a higher level of life, to break away from animality. And if he wanted to, he tried, I don't understand why now, some people get black in front of their eyes when they look at the steps?

***

Dacă vom gândi bine și frumos, și faptele ne vor fi aidoma, iar viața ne va ferici.

*

If we think well and beautifully, our deeds will be like us, and life will be happy for us.

***

Abstinența este un exercițiu al voinței, determinat de judecată. Poate fi practicat la orice vârstă. Cu cât mai devreme, cu atât mai folositor.

*

Abstinence is an exercise of the will, determined by judgment. It can be practiced at any age. The sooner the better.

***

Un filozof britanic spunea: „Un intelectual este o persoană care a descoperit ceva mai interesant decât sexul". Se referea desigur, la timpul pierdut de unii, dând importanță prea mare sexualității.

*

A British philosopher once said: "An intellectual is a person who has discovered something more interesting than sex." He meant of course to the time wasted by some, giving too much importance to sexuality.

***

În viață omul multe voiește, dar viața fiind scurtă, nu pridideşte. Singurul lucru care-l putem face este să ne rugăm Domnului să ne mai lungească firul vieții.

*

In life man wants many things, but life being short, he does not succeed. The only thing we can do is to ask the Lord to prolong our life.

***

De câte ori avem dreptate în ceea ce susținem, pentru a nu se ajunge la ceartă am putea să încheiem discuția cu expresia „eppur si muove", amintind fermitatea lui Galilei. Uneori însă este bine să fim mai maleabili în discuții, se pot afla idei și soluții la care nici unul dintre cei care susțin conversația nu s-a gândit. Deci calmul și răbdarea pot ajuta. Cineva spunea, că o discuție nu se poate termina decât atunci când partenerii de discuție au ajuns la aceeași concluzie, sau când niciunul nu l-a înțeles pe celălalt. Și dreptate avea!

*

Whenever we are right in what we claim, in order not to get into an argument we could end the discussion with the expression "eppur si muove", recalling Galileo's firmness. Sometimes, however, it is good to be more flexible in discusions, ideas and solutions can be found that none of the people supporting the conversation have thought of. So calmness and patience can help. Someone said that the discussion partners have reached the same conclusion, or when neither has understood the other. And he was right!

***

Tupeistul este omul cu orgoliul nemăsurat, folosit în scopul de a-i domina pe ceilalți. El nu ține cont de limita bunului simț și apasă pedala nesimțirii.

*

The bully is the man with immeasurable pride, used for the purpose of dominating others. He ignores the limit of common sense and presses the pedal of insensitivity.

***

Trebuie să ştii cum să primeşti suferinţa, să simţi cât din ea sufletul tău poate păstra, fiindcă ea vine întotdeauna spre a ne dezvălui adevăratul sens al vieţii, calea demnă de urmat până la dispariţia noastră.

*

You must know how to receive suffering, to feel how much of it your soul can keep, because it always comes to reveal to us the true meaning of life, the worthy path to follow until our demise.

***

Fiecare om dorește să joace un rol pe scena vieții, dar nu toate rolurile sunt și ofertate. E înghesuială mare la distribuirea rolurilor. Uneori se stă la rând până ce ne trece viața.

*

Every man wants to play a role on the stage of life, but not all roles are offered. There is a lot of crowding in the distribution of roles. Sometimes we stand in line until our lives pass us by.

***

E bine să păstrăm în memorie numai ceea ce am iubit. Și nu greșelile care ne-au deznădăjduit.

*

It is good to keep in memory only what we loved.
And not the mistakes that let us down.

***

Timidul învață repede agresivitatea.

*

Shyness quickly learns aggression.

***

Vom da dreptate barbariei doar atunci când noi toți vom deveni barbari. Dar nu asta ne dorim.

*

We will give justice to barbarism only when we all become barbarians. But that's not what we want.

***

Nu poți da dreptate barbariei decât dacă și tu ai devenit barbar.

*

You cannot justify barbarism unless you have become a barbarian yourself.

***

Visele sunt darurile nopții, furate de zorii dimineții. Dialectica vieții!

*

Dreams are the gifts of the night stolen by the morning dawn. The dialectic of life.

***

Când vrei să ajungi „subiect" trebuie să știi că intri în zona singurătății ca într-o frumoasă, misterioasă și tremurătoare pădure. Dar nu poți rămâne acolo toată viața.

*

When you want to become a "subject" you must know that you are entering the zone of solitude like in a beautiful, mysterious and trembling forest. But you can't stay there all your life.

***

Poți gândi la bine sau la rău; gândul are libertatea sa. Acțiunea însă, ești obligat să o faci doar spre binele tău și al lumii în care trăiești.

You can think good or bad; thought has its freedom. The action, however, you are obliged to do only for the good of yourself and the world in which you live.

Comportamentul copilului, acțiunile sale trebuie vegheate de educatori. Autoritate, nu numai joacă! În acest mod se va naște libertatea copilului pentru tot restul vieții sale. El nu va cunoaște inhibiția în relațiile cu oamenii.

The child's behavior, his actions must be monitored by educators. Authority, not only play! In this way the child's freedom will be born for the rest of his life. He will not know inhibition in dealings with people.

***

Supraviețuirea este o artă, dar și o logică matematică: Să știi ce formulă să folosești pentru a putea să supraviețuiești.

*

Survival is an art, but also a mathematical logic: to know which formula to use in order to survive.

***

Este greu să-ți păstrezi strălucirea. Până și soarele poate fi acoperit de nori. Neputincios rămâi în fața pierderii strălucirii tale. Dar, fii fericit dacă în câteva clipe ale vieții ai putut străluci.

*

It's hard to keep your shine. Even the sun can be covered by clouds. You stand helplessly in the face of losing your glow. But, be happy if in a few moments of life you could shine.

***

Nebunia din noi țâșnește uneori. Vai celui care nu are puterea de a o stăpâni.

*

The madness in us sometimes comes out. Woe to him who does not have the power to master it.

***

Nebunia este de două feluri: Nebunie frumoasă, rodnică, și nebunie urâtă și distrugătoare.

*

Madness is of two kinds: Beautiful, fruitful madness, and ugly, destructive madness.

***

Poți de la început să știi dacă mergi sau nu pe drumul chemării tale, sau poți afla mult mai târziu. În acest caz regretul nu trebuie să te apese. Acceptă drumul pe care mergi și fă-l aducător de bucurii. Se poate! Nu vei mai fi ce-ai visat să fii, un alt destin vei clădi.

*

You can know from the beginning whether or not you are on the path of your calling, or you can find out much later. In this case, regret should not weigh you down. Accept the path you are on and make it joyful. You may! You will no longer be what you dreamed of being, you will build a different destiny.

***

Uneori mă întreb dacă talentul ne este dar al sufletului sau povară? Este a ființei sclavie sau binevenită, sfântă robie?

*

Sometimes I wonder if talent is our soul's gift or burden? Is it the being's slavery or welcome, holy slavery?

***

În artă și literatură s-a depunctat legătura dintre artist și privitor (cititor); s-a renunțat la emoția artistică simplă, naturală, clară, cu atingere a inimii noastre, la mesajul artistic inteligibil iubitorilor de frumos, și totul din motive de *orgoliu ale creatorului, mereu în căutare de altceva, îndepărtându-se de frumusețea acestei lumi.*

*

In art and literature, the connection between the artist and the viewer (reader) has been highlighted; the simple, natural, clear artistic emotion touching our hearts has been abandoned, the artistic message intelligible to the lovers of beauty, and all for reasons of pride of the creator, always looking for something else, moving away from the beauty of this world..

***

Gradul de educație a unui om se poate vedea și după felul în care acceptă sau nu acceptă, ceea ce nu-i convine.

*

A man's degree of education can also be seen by the way he accepts or does not accept what does not suit him.

***

Cred că autoeducația memoriei este posibilă și necesară. Vom păstra cât mai puține înfrângeri, suferințe, făcând loc astfel, întâmplărilor frumoase ale vieții noastre.

*

I believe that self-education of memory is possible and necessary. We will keep as few defeats, sufferings as possible, thus making room for the beautiful events of our life.

***

Un om egoist nu poate fi un bun prieten întrucât spiritul lui de conservare exagerat predomină în toate acțiunile.

*

A selfish man cannot be a good friend because his exaggerated spirit of preservation predominates in all actions.

***

Nu te dărui cu totul. Mai păstrează-ți o parte din suflet! Nu știi când și la ce îți va trebui.

*

Don't give everything away. Keep a part of your soul! You don't know when and what you'll need it for.

***

Când sănătatea ta este precară și simți că energia te părăsește, timpul se scurge indiferent pe lângă tine. Fă tot ce se poate să-l poți prinde de mână!

*

When your health is poor and you feel that your energy is leaving you, time is passing you by indifferently. Do everything you can to get hold of him!

***

Sunt oameni care nu fac nimic pe gratis. Și societăți astfel construite. Sunt cei care și-au inhibat afecțiunea, crezând că astfel vor câștiga mai lejer timp, liniște și bani. Se pare că viața lucrează cu balanța sa: vor deveni neliniștiți, și nu vor mai avea timp pentru a fi altfel.

*

There are people who do nothing for free. And societies built this way. There are those who have inhibited their condition, believing that this way they will gain more time, peace and money. It seems that life works with its balance: they will become restless, and they will not have time to be otherwise.

***

Atâta minciună este în jurul nostru, încât ne sfiim uneori să rostim adevărul. Avem nevoie de curaj, altfel lumea va aluneca uşor pe drumul minciunii şi minţile oamenilor vor fi din ce în ce mai răvăşite.

*

There are so many lies around us that we sometimes shy away from telling the truth. We need courage, otherwise the world will slide

---

easily down the road of lies and the minds of men will be more and more deranged.

***

Adevărul trebuie descoperit și apărat. În caz contrar, se va merge pe drumul greșit al înșelăciunii cu urmările ei deosebit de grave care provoacă mari suferințe omului. Isus a făcut simpla afirmație „Eu sunt Adevărul" (Ioan 14.6)
Mi-a plăcut cugetarea poetului român Nichita Stănescu, strecurată printre altele, în timpul traiului comunist: „Adevărul este scris. El există și este scris. El își așteaptă numai cititorii."

*

The truth must be discovered and defended. Otherwise, one will follow the wrong path of deception with its particularly serious consequences that cause great suffering to man. Jesus made the simple statement „I am the Truth" (John 14:6).

I liked the thought of the Romanian poet Nichita Stănescu, among others, during the communist life: "The truth is written. He exists and is written. He waits only for his readers."

***

Să lăsăm liber spațiul inimii prin care ne curg sentimentele! Prea multă rațiune le poate sugruma și-atunci nu vom putea gusta deliciul vieții!

*

Let's leave free the space of the heart through which our feelings flow! Too much reason can strangle them and then we won't be able to taste the delight of life!

***

Normal este ca femeia să se preocupe mai mult de îndeletnicirile casei, fiindcă ea este mai afectivă cu copiii, mai atentă la frumusețile din jur. A dorit egalitate și acum se substituie unor îndeletniciri aparținute cândva bărbatului. Împărțeala atribuțiilor devine grea, totuși posibilă, spun femeile. Și bărbații delicați se supun spuselor ei... Așa e politica! Și...e bine! Va fi tot mai bine!

*

It is normal for the woman to be more concerned with the chores of the house, because she is more affectionate with the children, more attentive to the beauties around her. He wanted equality and now he substitutes himself for occupations that once belonged to men. Sharing the responsibilities becomes difficult, yet possible, the women say. And delicate men obey her words... Such is politics! And is it good! It will keep getting better!

***

Sunt multe nimicuri în viață care te fac să pierzi timp acordându-le atenție. Și nu s-a inventat o sită pentru aceste nimicuri; ele sunt atât de mărunte încât trec și se amestecă cu lucrurile importante.

*

There are many little things in life that make you waste time paying attention to them. And a sieve was not invented for these things; they are so small that they pass and mingle with the important things.

***

Una este fermitatea şi alta rigiditatea. Oamenii rigizi pierd întotdeauna. Oamenii fermi câştigă de obicei, iar când pierd, îşi păstrează totuşi demnitatea.

*

One is firmness and the other is rigidity. Stiff people always lose. Firm people usually win, and when they lose, they still keep their dignity.

***

Este necesară o oarecare flexibilitate a gândirii. Trebuie să ştii, în anumite momente, să faci concesii mici întru salvarea unui lucru mare.

*

Some flexibility of thought is required. You have to know, at certain moments, to make small concessions to save a big thing.

***

Prietenia se bazează pe încrederea unuia în celălalt. Căsătoria cu atât mai mult. Dovada neîncrederii rupe aceste legături sfinte, când unul dintre ei poartă vina trădării. Situația trebuie profund analizată, pentru a se vedea dacă trădarea poate fi iertată. Indiferența va duce sigur la ruperea legăturii.

*

Friendship is based on trusting each other. Marriage even more so. Evidence of mistrust breaks these holy bonds, when one of them bears the guilt of betrayal. The situation must be deeply analyzed to see if the betrayal can be forgiven. Indifference is sure will to break the bond.

***

Te poți înțelege repede cu cel care îți este asemănător în gândire și simțire. Pentru ceilalți, ca să ajungi să fii înțeles trebuie să depui un efort, uneori util, alteori zadarnic. E-adevărat: Cu un om cu minte, te înțelegi din două cuvinte. Cu omul prost, să încerci – nu are rost!

*

You can quickly get along with someone who is similar to you in thinking and feeling. For others, in order to be understood you have to make an effort, sometimes useful, sometimes futile. It's true: With a man with a mind, you get along in two words. With the stupid man, to try – it's no use!

***

Bucuria are o durată scurtă, dar o mare intensitate. Fericirea se construiește în speranța de a o obține; construirea ei poate dura mult timp, timp uneori pierdut în zadar, sau dacă reușești să o atingi, ea fuge, dispare undeva în neant. Cu alte cuvinte, fericirea o poți dori, dar ea nu totdeauna poate și veni. Bucuria apare instantaneu și simți inima pulsând sălbatec. Bucuriile vin în mod surprinzător. Să ne dorim cât mai multe bucurii în viața noastră!

*

The joy has a short duration, but a great intensity. Happiness is built in the hope of obtaining it; building it can take a long time, time sometimes wasted, or if you manage to reach it, it runs away, disappears somewhere into nothingness. In other words, you can wish for happiness, but it can't always come. The joy *comes instantly and you feel your heart beating wildly. Joys come in surprising ways. Let's wish as much joy as possible in our lives!*

***

Să nu ne lăsăm „otrăviți" de „fructele necomestibile" ale vieții. Să avem puterea de a discerne binele de rău!

*

Let us not be "poisoned" by the "inedible fruits" of life. May we have the power to discern good from evil!

***

Să-ți păstrezi demnitatea de om și să aperi demnitatea celor care merită. În rest poți să te revolți, să încerci să-i înveți pe ignoranți și pe cretini prețul demnității.

*

To preserve your human dignity and defend the dignity of those who deserve it. Otherwise you can rebel, try to teach the ignorant and cretins at least the price of dignity.

***

Înainte de a ierta și a începe a iubi din nou, poate o palmă morală nu strică. Numai dacă intuiești că o va simți. În caz contrar – abține-te, fiindcă poți înrăutăți situația!

*

Before you forgive and start loving again, maybe a moral slap doesn't hurt. Only if you sense that he will feel it. Otherwise – refrain, because you can make the situation worse!

***

După o perioadă de liniște, lumea începe să se agite; de undeva vine un vânt care vrea să schimbe ceva cât mai repede, fără să știe prea bine ce trebuie schimbat, fără să înțeleagă că lumea este, de la sine, într-o veșnică schimbare și îi ajunge un impuls înțelept, și nu unul temperamental.
Nerăbdarea poate duce la eșec.

*

After a period of quiet, the world begins to stir; from somewhere comes a wind that wants to change something as quickly as possible, without knowing very well what needs to be changed, without understanding that the world is, of itself, in an eternal change, and it receives a wise impulse, and not a temperamental one.
Impatience can lead to failure.

***

Nimic mai dureros decât să asişti la o glorie care se destramă, precum se deşiră o faimoasă ţesătură pe care nimeni şi nicicând, raţional, nu o va mai putea reface. Datoria ta este să speri. Minuni totuşi au fost şi mai pot.

*

Nothing more painful than to witness a glory falling apart, like a famous fabric being unraveled that no one and never, rationally, will be able to restore. Your duty is to hope. Miracles, however, have been and will continue to be.

***

Tinerii din zilele noastre nu ştiu ce este cu adevărat un război. Pentru mulţi este o aventură în care doresc să se arunce. Ei vor schimbarea lumii, o renaştere violentă, eventual sângeroasă; alţii vor o schimbare lentă, cu toţii uitând că orice renaştere este însoţită întotdeauna de dureri şi cei care le vor simţi vor fi chiar ei.

*

Young people today do not know what a war really is. For many it's an adventure they want to jump into. They want the change of the world, a violent, possibly bloody rebirth; others want a slow change, all forgetting that any rebirth is always accompanied by pain and those who will feel it will be themselves.

***

Regretul este pentru ceea ce s-a făcut incorect şi se face în continuare. Apoi, se va mai cere iertare pentru ceea ce s-a întâmplat în urma celor făcute. Și așa mai departe, se va mai greși, se va mai cere iertare, până când regretul și iertarea nu vor mai conta. Cum va arăta atunci lumea?

*

Regret is for what was done incorrectly and is still being done. Then, forgiveness will be asked for what happened after what was done. And so on, more mistakes will be made, more forgiveness will be asked until regret and forgiveness no longer matter. What will the world look like then?

***

Conduita morală nu poate fi neglijată sau respinsă. Ea nu suferă îmbătrânire, de veșnică folosință fiind. Cel mult i se poate adăuga câte ceva, conform cerințelor vremii, așa cum au adăugat strămoșii noștri de-a lungul timpului.

*

Moral conduct cannot be neglected or rejected. It does not suffer aging, being of eternal use. At most something can be added to it, according to the requirements of the weather, as our ancestors have added over time.

***

Să nu te deranjeze spusele unui om prost. Trebuie să-i înțelegi neînțelegerea. Dar când acesta trece la acțiuni distrugătoare, cineva va trebui totuși să-l oprească din prosteala și nebunia sa.

*

Do not be disturbed by the words of a foolish man. You must understand his misunderstanding. But when he turns to destructive actions, someone will still have to stop him from his stupidity and madness.

***

Se pare că planeta noastră e secătuită de oameni excepționali. Și câtă nevoie am avea de ei!

*

It seems that our planet is drained of exceptional people. And how we would need them!

***

De ce contează pentru noi atât de mult anii calendaristici, când mai importanți ar fi cei psihici – anii în care suntem noi, ne avem pe noi înșine, și întreaga lume cu noi? Căci vine un

---

timp în care ne pierdem... Să ne rugăm să fie doar clipele sfârșitului!

*

Why do the calendar years matter so much to us, when the psychic years would be more important - the years in which we are us, we have ourselves, and the whole world with us? For there comes a time when we lose ourselves... Let us pray that it is only the moments of the end!

***

Eșecul avut trebuie analizat. Dacă-i găsești hiba nu te resemna de îndată, ci ambiționează-te și reia lucrul de la început. Reușita nu înseamnă absența eșecurilor; ci puterea, ambiția de a încerca din nou. Să nu uităm că Thomas Edison care a inventat becul a spus că a avut 1000 de încercări: „Nu am eșuat de 1.000 de ori. Becul a fost o invenție care a necesitat 1.000 de pași".

Dacă nu găseşti cât de cât cusurul eşecului, înseamnă că n-ai înţeles ce ai greşit şi va trebui să te apuci de altceva.

*

The failure must be analyzed. If you find a fault, don't give up right away, but be ambitious and start over. Success does not mean the absence of failures; but it is the strength, the ambition to try again. Let's not forget that Thomas Edison who invented the light bulb said he had 1000 attempts: "I haven't failed 1000 times. The light bulb was an invention that required 1,000 steps" If you can't find the slightest flaw in the failure, it means you didn't understand what you did wrong and you'll have to do something else. Your mind must have a good scale.The failure had to be analyzed. If you find fault with it, don't give up, get ambitious and start over. If you can't find fault with it, try something else.

***

Singurătatea nu se împrumută şi nici nu se molipseşte. Ea are sâmburele în inima cu care te naşti.

*

Loneliness does not lend itself, nor does it infect you. She has the seed in her heart that you are born with.

***

Viaţa ne oferă multe şanse de reuşită. Important este să nu greşim alegerea şi s-o facem la timp.

*

Life offers us many chances to succeed. The important thing is not to make the wrong choice and make it on time.

***

Să nu uităm că timpul odată trecut nu se mai
întoarce, că viața ne este alcătuită din clipele lui
rigide.

*

Let us not forget that time once passed does not
return, that your life is made up of its rigid
moments.

***

Sunt mulți proști care fac pe deștepții și puțini
deștepți care fac pe proștii – dar sunt! În prima
categorie sunt cei care caută să obțină câte ceva
și să facă în așa fel încât să pară că și merită,
ceilalți vor să scape de o anumită obligație,

făcându-l pe cel care îi oferă ceva, să creadă că nu merită.

*

There are many fools who make the smart and few smart who make the fools – but they are! In the first category are those who seek to get something and do it in such a way that it seems that they deserve it, the others want to get rid of a certain obligation, making the one who offers them something, think that they do not deserve it.

***

Adevărul despre ceva, cineva are dimensiuni și însușiri fixe. De aceea o fi atât de greu de stabilit.

*

*The truth about something, someone has fixed
dimensions and properties. Is that why it would
be so hard to determine?*

***

*Un adevăr aflat prea târziu te poate ferici sau te
poate distruge. Oricum, cinstit este să fie aflat.*

*

*A truth learned too late can make you happy or
destroy you. Anyway, it's fair to be found out.*

***

*Nu râvni la prea mult! Mulțumește-te cu ce ai
dobândit! Dumnezeu îți va da și ceea ce îți va
mai lipsit.*

*

Don't crave too much! Be content with what you have acquired! God will also give you what you need.

***

Delicatețea unui om provine din firea cu care se naște și educația pe care o primește.

*

A man's delicacy comes from the nature he is born with and the education he receives.

***

Nu-ți fie teamă dacă ai greșit. Orice om greșește! Iartă-te și schimbă direcția mersului vieții.

*

Don't be afraid if you're wrong. Every human makes mistakes! Forgive yourself and change the direction of your life.

***

Incontinența verbală este obositoare, de multe ori nefolositoare, și culmea, omul care o practică nu este conștient de acest defect. Mai sunt și excepții. Mă gândesc la istoricul Nicolae Iorga, dotat cu o excepțională memorie, ce arunca cuvintele asemenea unui torent... Tăcerea poate fi și ea obositoare prin așteptare, ca o pauză prea mare, dar de cele mai multe ori poate fi fermecătoare, ea născând multe idei celui care o practică, dar și celui care o „ascultă".

*

Verbal incontinence is tiring and the best, the man who practices it is not aware of this defect.

There are also exceptions. I think of the historian Nicolae Iorga, endowed with an exceptional memory, who threw words like a torrent... Silence can also be tiring by waiting, like a too long pause, but most of the time it can be charming, giving birth to many ideas to the one who practices it, but also to the one who „listens" to it.

***

Naşterea şi moartea sunt sigur ale tale. Existenţa – a ta împreună cu a altora.

*

Birth and death are surely yours. Existence – yours together with others.

***

Astăzi călcăm lutul întunecat al pământului şi trimitem rugi cerului luminat şi albastru; mâine vom zbura prin cerul albastru şi vom trimite rugi celor care vor călca lutul pământului. Astăzi ne este dor de cei de sus, şi mâine ne va fi dor de cei de jos.

*

Today we tread the dark clay of the earth and send prayers to the bright blue sky; tomorrow we will fly through the blue sky and send prayers to those who will tread the clay of the earth. Today we miss those on top, and tomorrow we will miss those on the bottom.

***

Medicii să nu uite că fiecare pacient vindecat este smuls din ghearele morţii şi că, fiecare pacient ignorat este lăsat în ghearele ei prădătoare.

*

Doctors should not forget that every cured patient is snatched from the clutches of death and that every ignored patient is left in its predatory clutches.

***

Chiar dacă în realitate trăim o singură viață, visele ne oferă multe alte vieți. Ferice de cei care visează! Se poate visa cu ochii închiși, dar și cu ei deschiși!

*

Even though in reality we live only one life, dreams offer us many other lives. Happy those who dream! You can dream with your eyes closed, but also with them open!

***

Puțină sclavie (alternativă) a ambilor parteneri într-o căsătorie este necesară din când în când, pentru ca balanța iubirii să se miște.

*

A little slavery (alternative) of both partners in a marriage is necessary from time to time to keep the balance of love moving.

***

Dă aripi gândului, să zboare în sfere cât mai înalte! Va aduce bogăție cuvintelor.

*

Give wings to the thought, to fly in the highest spheres! It will bring richness to the words.

***

Copiii răcnesc, bărbații strigă, femeile plâng.
(obișnuit)
Copiii plâng, femeile strigă, bărbații tac!
(modern)

*

Children roar, men shout, women cry. (common)
Children cry, women shout, men are silent!
(modern)

***

Dumnezeu dă o șansă fiecăruia să fie el însuși prin calitățile pe care i le dă la naștere, dar odată născut, libertatea lui este vânată de cei puternici, pentru a nu-i permite să facă ce inima și mintea lui dorește, ci doar ce este necesar societății în care trăiește.

*

God gives everyone a chance to be himself through the qualities he gives him at birth, but once born, his freedom is hunted by the powerful, not to allow him to do what his heart and mind desires, but what is necessary for the society in which he lives.

***

Primii fulgi vestesc zăpada unei ierni purificatoare, de care pământul, acum, ar avea atâta nevoie...

*

The first flakes announce the snow of a purifying winter, which the earth, now, would need so much...

***

Știam că omul este muritor și rasa lui nemuritoare. După cum a început omul să trăiască, posibil să dispară până și rasa omenească.

*

We knew that man is mortal and his race immortal. As man began to live, it is possible that even the human race may disappear.

***

Nu lua în seamă oamenii care nu prețuiesc munca și visele tale. Ei vor să te dezamăgească, din mersul tău să te oprească. Urmează-ți calea!

*

Ignore people who do not value your work and dreams. They want to disappoint you, to stop you on your way. Follow your path!

***

Când un om se teme, înseamnă că a înțeles în ce lume trăiește.

*

When a man is afraid, it means that he has understood the world in which he lives.

***

Nesiguranța zilei de mâine este un stres ucigător. Să ne gândim la cele scrise în Biblie (Matei 6:33-34): „Nu vă îngrijorați dar de ziua de mâine, căci ziua de mâine se va îngrijora de ea însăși. Ajunge zilei necazul ei." „Îndeplinirea cu credincioșie (fidelitate) a datoriilor zilei de astăzi este cea mai bună pregătire pentru încercările zilei de mâine...", ne spune mai departe Biblia. Încurajator! Eliberator! Să luăm aminte! Astfel ne vom mai descreți frunțile.

*

The uncertainty of tomorrow is a killer stress. Let's think about what is written in the Bible (Matthew 6:33-34): "Do not worry about tomorrow, because tomorrow will worry about itself. Her trouble is enough for the day." "Faithfully fulfilling (faithfulness) the duties of today is the best preparation for the trials of tomorrow...", the Bible further tells us. Encouraging! Liberator! Let's remember! This way we unfrown the foreheads.

***

Când te trădează un prieten, înveți prietenia cu tine însuți.

*

When you are betrayed by a friend, you learn friendship with yourself.

***

Săvârșirea unui ideal cere sacrificiul uman. Consumul energiei sufletești se repercutează asupra organismului uman. Dar să nu regretăm, fiindcă forța vitală dăruită se poate întoarce îmbogățită.

*

The fulfillment of an ideal requires human sacrifice. The consumption of soul energy affects the human body. But let's not regret it, because the life force given can return enriched.

***

Unii învață mai ușor, alții mai greu. Nu contează atât de mult timpul necesar învățării, cât înțelegerea și păstrarea învățăturii. De aceea, să nu acorzi superficialitate vreunei învățături sau să deznădăjduiești spunându-ți că nu vei putea niciodată învăța. Și nu uita: Dumnezeu ne-a dăruit mintea pentru a învăța, și cu învățarea noastră să putem face ceva!

*

Some learn easier, others harder. It's not so much the time spent learning as understanding and retaining the learning. Therefore, do not give superficiality to a teaching or despair by telling yourself that you will never be able to learn. And don't forget: God gave us the mind to learn, and with our learning we can do something!

***

Nu întotdeauna ce ai învățat să faci, poți imediat să și faci. Acceptă și eșecurile primelor încercări. Insistă și vei reuși să faci lucruri minunate! Și nu uita că insistența cere răbdare din partea ta!

*

Not always what you learned to do, you can immediately do. Accept the failures of the first attempts. Persist and you will succeed in doing wonderful things! And don't forget that insistence requires patience on your part!

***

*Întreabă când nu ştii. Nu te jena! Altfel – rămâi
„neştiutor".*

*

*Ask when you don't know. Don't be
embarrassed! Otherwise – you remain
"ignorant".*

***

*Noaptea visele coboară de undeva din cer, ziua
zboară spre cer. Dă-le aripi să şi ajungă!*

*

*At night dreams come down from somewhere in
the sky, during the day they fly to the sky. Give
them wings to reach!*

***

Știu, știu! spun numai cei plini de sine. Nu știu! spun cei sinceri și modești. Nu știu și nu-mi pasă! spun cei indolenți și obraznici. Vreau să știu! Sunt singurii care până la urmă vor ști.

*

I know I know! only the self-righteous say. I do not know! say the honest and modest. I don't know and I don't care! say the indolent and naughty. I want to know! They are the only ones who will know in the end.

***

Câștigul include dorința și lupta. Dacă nu vei dori ceva și nu vei lupta pentru acel ceva, nu vei avea nici șansa de a-l câștiga.

*

Winning includes desire and struggle. If you don't want something and fight for it, you won't have a chance to get it.

***

Pentru a obține ceea ce dorești, prima condiție este să pornești motorul care pune în funcție energia sufletească. Locul butonului de pornire tu îl cunoști cel mai bine.

*

To get what you want, the first condition is to turn on the engine that puts soul energy into action. You know the place of the home button best.

***

Nu aștepta viața să-ți dea ceea ce vrea ea. Mai întâi cere-i tu ce vrei!

*

Don't wait for life to give you what it wants. First ask him what you want!

***

Spiritul se poate dezechilibra în orice moment al vieții, aidoma trupului. Caută-i un punct de sprijin, din vreme!

*

The spirit can become unbalanced at any moment of life, just like the body. Look for a point of support, early!

***

Este important mediul în care plonjăm, deoarece el ne emoționează, influențează într-un fel, pozitiv sau negativ; emoțiile nasc sentimente, și acestea nasc dorințe pozitive sau negative. În final, acesta ne va fi SUFLETUL!

*

The environment we dive into is important, because it excites us, influences us in some way, positive or negative; emotions give rise to feelings, and these give rise to positive or negative desires. In the end, this will be our SOUL!

***

Din ceea ce vrei, plănuiește a face ceea ce poți!

*

From what you want, plan to do what you can!

***

Deci, sunt în lume oameni care știu, fiindcă au vrut să știe; sunt oameni care nu știu și mereu întreabă pentru ca să știe; sunt oameni care nu știu și nici nu vor să știe.

*

So, there are people in the world who know, because they wanted to know; there are people who do not know and always ask to know; there are people who don't know and don't want to know either.

***

Paradox? Întotdeauna pare, că cel din urmă soseşte târziu; uneori prea târziu. Şi totuşi: „Cei dintâi vor fi cei din urmă". De ce? „Pentru că mulţi sunt cei chemaţi (unii chiar se prea grăbesc), dar puţini sunt cei aleşi (Matei20:16).".

*

Paradox? It always seems that the latter arrives late; sometimes too late. And yet: "The first shall be the last." Why? "For many are called (some are really in too much of a hurry), but few are chosen (Matthew 20:16)."

***

Fiecare om greşeşte în viaţa sa, oricât de ştiutor este. Importantă e conştientizarea greşelilor, natura lor, şi repercusiunile asupra celorlalţi.

*

Every man makes mistakes in his life; however knowing he is. It is important to be aware of mistakes, their nature, and the repercussions on others.

***

Când scrii sau citești înseamnă că supra viețuiești. Apoi treci brusc sau lent la viețuire. Și te cuprinde teama.

*

When you write or read, it means that you are surviving. Then you suddenly or slowly come to life. And fear grips you.

***

Unii nu scriu fiindcă le e teamă să scrie, alții fiindcă nu știu cum să scrie, și cei mulți – fiindcă nu au ce să scrie. Mai sunt și unii care scriu fără să știe ceea ce scriu.

*

Some do not write because they are afraid to write, others because they do not know how to write, and many – because they have nothing to write. There are also some who write without knowing what they are writing.

***

Ca să ajungi să te convingi de ceva, nu poți evita momentele de îndoială, în care sufletul tău cunoaște suferința. Caută să scapi cât mai curând de acele momente.

*

In order to become convinced of something, you cannot avoid moments of doubt, in which your soul knows suffering. Seek to escape those moments as soon as possible.

***

Poetul și prozatorul german Novalis spunea că a scrie înseamnă a zămisli. Că orice creație poetică trebuie să fie aidoma unei ființe vii. Poate de aceea am considerat fiecare carte de-a mea apărută ca pe un copil nou născut. Și l-am iubit.

*

The German poet and prose writer Novalis said that to write is to conceive. That any poetic creation must be like a living being. This is why I considered each book of mine that appeared like a new born child. And I loved him.

***

A te cunoaşte bine şi a-ţi găsi locul în lume, sunt condiţiile unei vieţi fericite.

*

Knowing yourself well and finding your place in the world are the conditions for a happy life.

***

Omul este cu adevărat inteligent şi bun, dacă se strãduieşte şi reuşeşte sã-i îmbuneze pe cei rãi din jur. Şi ce durere pentru el când este şi inteligent şi bun şi totuşi nu reuşeşte!

*

Man is truly intelligent and good, if he strives and succeeds in making the bad around him better. And what a pain for him, when he is both clever and good and yet fails!

***

În poezie destăinuirea simțirilor sufletului este importantă. Iar dacă aceste simțiri se pliază pe simțirile cititorilor, poezia a câştigat.

*

In poetry, revealing the feelings of the soul is important. And if these feelings fold on the feelings of the readers, the poem has won.

***

Dacă-l ierți pe cel care te-a insultat înseamnă că ai avut puterea să-ți golești sufletul de orice urmă de orgoliu și te vei liniști, iar el, iertarea ta

- o va prețui. De câte ori să ierți? Biblia ne spune: „de 70 de ori câte 7", adică – o iertare nelimitată.

*

If you forgive the one who insulted you, it means that you had the strength to empty your soul of any trace of pride and you will calm down, and he, your forgiveness - will value it. How many times to forgive? The Bible tells us: "70 times 7", that is - an unlimited forgiveness.

***

Nu-ți fie teamă de înfrângere. Cu voință și curaj mergi până la capăt în lupta pe care a-i început-o.

*

Don't be afraid of defeat. With will and courage you go to the end in the fight you started.

***

Acționează conform gândirii tale, și perseverează! Cât ești tânăr — se poate! La sfârșit: victorie sau înfrângere. Oricum, „încercarea moarte n-are!" Și nimeni nu va avea dreptul să-ți reproșeze că nu ai încercat.

*

Act on your thinking, and persevere! While you are young - it is possible! At the end: victory or defeat. Anyway, "trying doesn't die!" And no one will have the right to blame you for not trying.

***

Nu te certa cu nimeni! Nu urî pe nimeni! Scoate cât mai curând ura din inima ta! Mângâie și iubește! Cu vorbe sau cu fapte.

*

Don't argue with anyone! Don't hate anyone! Get the hate out of your heart as soon as possible! Caress and love! With words or deeds.

***

Ne place freamătul naturii din jur fără de care n-am putea trăi. Sunt zgomote plăcute care vin, revin și trec. Dar freamătul continuu și de cele mai multe ori inutil din mintea noastră, cu greu va putea pleca. Și sănătății – el poate dăuna.

*

We like the bustle of nature around us, without which we could not live. There are pleasant noises that come and go and pass. But the constant and often useless churning in our minds will hardly be able to go away. And health — he can harm.

***

Se spune că pentru sănătatea trupului este bine să ne păstrăm mintea senină și liniștită, dar cum să o facem când lumea zilelor noastre este agitată și nu ține seamă de urmările acestei neliniști?

*

It is said that for the health of the body it is good to keep our mind calm and quiet, but how do we do it when the world of our days is agitated and does not take into account the consequences of this restlessness?

***

Poezia este cea care ne ajută să evadăm din banalul zilei cotidiene. Unora le asigură supraviețuirea.

*

Poetry is what helps us escape from the banality of everyday life. For some it ensures their survival.

***

Să nu uităm nici o clipă darul lui Dumnezeu dat omului, de a veni și a fi, un timp, fiul pământului. Să iubim semenii, viața, cerul și pământul.

*

Let's not forget for a moment God's gift to man, to come and be, for a time, the son of the earth.

Let us love our fellow man, life, heaven and earth.

***

Lipsa iubirii a rupt pe alocuri minunatul lanț cu care au fost legați oamenii pe acest pământ. Empatia s-a subțiat, tupeul, egoismul și-au făcut loc în spațiile văduvite de iubire, de prietenie. Omul urmează imorala zicală: „Interesul poartă fesul".

*

Empathy thinned out, arrogance, selfishness made their way in the widowed spaces of love and friendship. Man follows the immoral saying: "Interest leads the way".

***

Tehnologia a venit în ajutorul omului, dar omul nu a știut până unde poate fi lăsată să zburde, fără a fi controlată. Este necesară „înstăpânirea spirituală".

*

Technology has come to the aid of man, but man has not known how far it can be allowed to fly, without being controlled. It is necessary „spiritual mastery".

***

Globalizarea vrea să vină cu legi universale. Wouldn't it be necessary to universalize, first, the divine laws?

*

Globalization wants to come up with universal laws. Wouldn't it be necessary to universalize, first, the divine laws?

***

Lumea pare a fi într-o mare degringoladă. Nu se mai ține cont, când trebuie, de rațiune sau de sentimentele oamenilor. Pentru liniștirea ființei omenești se cere a se face ordine, în primul rând după legile dumnezeiești. Fără ele, cele pământene nu au dat rod.

*

The world seems to be in great turmoil. People's reason or feelings are no longer taken into account when needed. For the tranquility of the human being, order must be made, first of all according to divine laws. Without them, the earthly things did not bear fruit.

***

A iubi înseamnă a elibera raze de lumină din sufletul tău.

*

To love is to release rays of light from your soul.

***

Predestinarea poate fi o matematică a cerului, dar căreia i s-a dat puterea unei transformări, odată cu venirea pe lutul acestei planete. La urmă, este destinul pe care-l desăvârșim.

*

Predestination may be a mathematics of heaven, but which has been given the power of a transformation, upon coming to the clay of this *planet. After all, it is the destiny we are fulfilling.*

***

Din sufletul omului trist ura-i plecată. Trist a fost și Iisus răstignit pe cruce. El și tâlharilor le-a iertat vina. Nouă de ce ne este atât de greu a ierta?

*

Hatred is gone from the sad man's soul. Jesus was also sad crucified on the cross. He also forgave the robbers. Why is it so hard for us to forgive?

***

Necunoscând ce este vina, nevinovăția omului nu ar fi putut fi judecată. Poate de aceea a trebuit omul să păcătuiască?

*

Not knowing what guilt is, man's innocence could not be judged. Maybe that's why man had to sin?

***

Când vrei să ai ceva sau să faci ceva și îți este teamă, întâi alungă teama, și numai apoi acționează cu deplină încredere. Nu este ușor, dar este prima condiție a succesului.

*

When you want to have something or do something and you are afraid, first drive away the fear and only then act with full confidence. It is not easy, but it is the first condition of success.

***

Doar clipa prezentă ne dă posibilitatea de a acţiona pentru a obţine ceva. Nu rata şansa!

*

Only the present moment gives us the opportunity to act to achieve something. Don't miss the chance!

***

Nu spune tot ce gândeşti. Foloseşte filtrul raţiunii inimii pentru cuvintele tale. Nu pe cel al minţii, fiindcă el te poate inhiba.

*

Don't say everything you think. Use the heart's reason filter for your words. Not the mind, because it can inhibit you.

***

Averea materială pe care o dobândești, alții ți-o fură sau tu o risipești. Cea spirituală este bine păstrată în seiful minții tale.

*

The material wealth you acquire, others steal it from you or you squander it. The spiritual is well kept in the vault of your mind.

***

Viața nu se lasă lungită, ci doar de evenimente îngrămădită.

*

Life is not prolonged, but only piled up by events.

***

Există o limită a credinței în idealul tău și anume aceea când ți se aduc dovezi logice a imposibilității înfăptuirii idealului. Românul are proverbul: „Când doi îți spun că ești beat, du-te și te culcă!" Eu n-aș spune că sunt suficienți numai doi în zilele noastre.

*

There is a limit to the belief in your ideal, and that is when you are presented with logical proofs of the impossibility of realizing the ideal. The Romanians have a proverb: "When two people tell you that you are drunk, go to bed!" I wouldn't say that only two are enough these days.

***

A trăi decent înseamnă a trăi liniştit, a fi mulţumit de ceea ce ai dobândit, fără a avea pretenţii absurde. A fi decent înseamnă, să fii politicos, respectuos şi să ai acea pudoare/sfială cu care te-ai născut şi care este un paravan al fărădelegii. Ca atare, decenţa este un termen cu implicaţii morale şi spirituale.

*

To live decently means to live peacefully, to be satisfied with what you have acquired, without having absurd claims. To be decent means, to be polite, respectful and to have that modesty/shyness that you were born with and which is a screen for lawlessness. As such,

---

decency is a term with moral and spiritual implications.

***

Doar omului harnic i s-a oferit şansa de a deveni bogat. Cel leneş nu o poate avea.

*

Only the industrious man was given the chance to become rich. The lazy cannot have it.

***

Orice om simte nevoia să se destăinuiască cuiva, cumva. Să-şi golească sufletul preaplin. Sinceritatea lui uneori este împinsă până la durere. Unii o fac în scris.

*

Every man feels the need to reveal himself to someone, somehow. To empty his overflowing soul. His sincerity is sometimes pushed to the point of pain. Some do it in writing.

***

Nu poţi stăpâni ceea ce nu cunoşti!
Întâi cunoaşte şi numai apoi stăpâneşte!

*

You can't master what you don't know!
First know and only then master!

***

Prin artă, literatură se destăinuie adâncimea sufletului. Pătrunzi în el, ca şi cum ai coborî în

*adâncul unei fântâni şi ai vedea pietrele filtrului
interior al fântânii... Ce minune!*

*

*Through art, literature, the depth of the soul is
revealed. You go into it, like going down into the
depths of a well and seeing the stones of the inner
filter of the well... What a miracle!*

***

*Nu tot ce există poate fi şi cunoscut, dar omul
este dator a se strădui a cunoaşte cât mai mult.
Cunoaşterea îl apropie de Divinitate. Refuzul
cunoaşterii – de Satanitate.*

*

*Not everything that exists can be known, but
man is obliged to strive to know as much as
possible. Knowledge brings him closer to
Divinity. Rejection of knowledge - of Satanism.*

***

Cunoașterea de aici este o recunoaștere a celei de dincolo, spunea, pe bună dreptate, Aristotel.

*

Knowledge here is a recognition of the beyond, Aristotle rightly said.

***

Să și simți ceea ce trebuie cunoscut și crezut.

*

Also feel what needs to be known and believed.

***

Cu ce absurdă şi opresivă gândire vin unii, să ne facă să credem că suntem mai liberi decât în realitate! Şi nu este singura lor gândire de acest gen!

*

With what absurd and oppressive thinking some come to make us think that we are freer than in reality! And it is not their only thinking of this kind!

***

Dacă vom avea linişte şi pace în jurul nostru, vom putea ţine în frâu agresivitatea din noi. Fiindcă toţi o avem, mai mult sau mai puţin, întru apărare.

*

If we have peace and quiet around us, we will be able to keep the aggression in us in check. Because we all have it, more or less, in defense.

***

Cu ajutorul imaginației, arta și literatura lărgesc spațiul gândirii, fericindu-ne clipele.

*

With the help of imagination, art and literature widen the space of thought, making our moments happy.

***

Ai parte de noroc numai dacă muncești. Și nici atunci, fiindcă au alții grijă să ți-l fure.

*

You only get lucky if you work. And not even then, because others take care to steal it from you.

***

Dacă te străduiești, poți recupera ce ai pierdut. Niciodată, însă, clipele care-au trecut!

*

If you work hard, you can recover what you lost. Never, however, the moments that have passed!

***

Animale încearcă să ne imite dorind să devină blânde precum oamenii; noi, oamenii, învățăm cruzimea și violența animalelor. Schimb de experiență!

*

Animals try to imitate us by wanting to become gentle like humans; we humans are learning animal cruelty and violence. Exchange of experience!

***

Omul transformă materia cu brațele sale; îngerii, cu aripile lor transformă spiritul nostru din rău în bine. La atâta răutate din lumea noastră, s-or găsi destui îngeri să poată face față?

*

Man transforms matter with his arms; angels, with their wings transform our spirit from evil to good. With so much evil in our world, would there be enough angels to cope?

***

Lipsa iubirii a rupt pe alocuri minunatul lanț cu care au fost legați oamenii pe acest pământ. Empatia s-a subțiat, indiferența, egoismul și ura și-au făcut loc în spațiile dezgolite de iubire. Interesul egoist a detașat pe om de ceilalți. Ca pe vremea fanarioților când moralizatoare era zicala: „Interesul poartă fesul".

*

The lack of love has broken in some places the wonderful chain with which people were bound on this earth. Empathy thinned out, indifference, selfishness and hatred made their way into the spaces bare of love. Selfish interest has detached man from others. As in the time of the Fanariots, when the moralizing saying was: "Interest carries the burden".

***

Tehnologia a venit în ajutorul omului, dar omul nu a știut până unde poate fi lăsată să zburde, fără a fi controlată.

*

Technology has come to man's aid, but man has not known how far it can be allowed to fly without being controlled.

***

Omul când ajunge matur și are tot ce-i trebuie pentru a duce o viață mulțumitoare, începe a umbla după lucruri fără trebuință consumându-și inutil energia.

*

When man reaches maturity and has everything he needs to lead a satisfying life, he begins to go after unnecessary things, consuming his energy unnecessarily.

***

Visul unei nopți poate să-ți arate drumul zilei.

*

A night's dream can show you the way of the day.

***

Singura diferență între vis și realitate este că în vis nu lucrezi tu, lucrează alții pentru tine.

*

The only difference between dream and reality is that in dream you don't work, others work for you.

***

Iubirea și lumina alungă întunericul. Ambele se aprind, și se sting dacă nu au combustibilul rezervat: voința de a iubi și plăcerea de a trăi în lumină.

*

Love and light drive out darkness. Both are ignited, and extinguished if they do not have the fuel reserved: the will to love and the pleasure of living in the light.

***

Viața poate fi frumoasă pentru tine, dacă vei ști cum trebuie jucat pe scena ei, rolul dat.

*

Life can be beautiful for you, if you know how to play the given role on its stage.

***

Omul care face munca cu plăcere și îi face plăcut interesați de munca lui pe ceilalți din jur, poate fi numit un om talentat.

*

The man who does his work with pleasure and makes others pleasantly interested in his work, can be called a talented man.

***

Oamenii observă cu ușurință cum cresc prețurile unor game extinse de materii prime și produse, în special cele alimentare, dar nu văd cât de mult a crescut prețul timpului nostru, pe care nimeni, niciodată nu-l va putea ieftini.

*

People easily notice how the prices of a wide range of raw materials and products, especially foodstuffs, are rising, but they do not see how much the price of our time has risen, which no one will ever be able to cheap.

***

Toate se scumpesc, inclusiv timpul. Vom putea împrumuta bani de la bănci, dar nu vom avea de unde împrumuta timp.

*

Everything gets expensive, including time. We will be able to borrow money from the banks, but we will have nowhere to borrow time.

***

Dar, există fericire? Umblăm, alergăm după ea, unii reușesc s-o atingă ca pe o Zână frumoasă, dar ea alunecă mereu spre inexistență.

*

But is there happiness? We walk, we run after her, some manage to touch her like a beautiful Fairy, but she always slips into non-existence.

***

Arta şi literatura sunt răspunsurile Divinităţii la întrebările noastre. Fără ele, realitatea ar fi plictisitoare, obositoare.

*

Art and literature are God's answers to our questions. Without them, reality would be boring, tiring.

***

După o noapte, fiecare dimineaţă este a vieţii speranţă.

*

Every morning after a night is a hope of life.

DE ACELAȘI AUTOR

1. *Noapte de iarnă (versuri, 1993);*
2. *Nopți albe (versuri, 1995);*
3. *Binele și Răul (proză, 1998);*
4. *Dragostea mea cea mare (versuri, 1998);*
5. *Albumul cu fotografii (proză, 1999);*
6. *Dincolo de noapte (versuri, 2000);*
        postfață – Ion Papuc.
7. *Piticul din ceașca de cafea (versuri, 2000);*
8. *Mai sunt bărbați buni (proză, 2001);*
9. *File de jurnal (proză, 2002);*
10. *Insomniile unei veri (versuri, 2002);*
11. *Ultima piruetă (proză, 2003);*
12. *Îngerul scrie poemul (versuri, 2003);*
        prefață – prof. dr. Simion Bărbulescu.
13. *Între spaimă și vis (versuri, 2004);*
        prefață – prof. dr. Simion Bărbulescu.
14. *Jurnalul unei veri (proză, 2005);*
15. *Suspine strigate (versuri, 2005);*
        prefață – prof. dr. Simion Bărbulescu
16. *Cartea mamei (proză, 2006);*
        prefață – prof. dr. Simion Bărbulescu.
17. *Jurnal American (proză, 2007);*
18. *Singurătatea clipelor târzii (versuri, 2008);*

19. *Gânduri (proză, 2009);*
    prefață – Vasile Filip.
20. *Scrisori de departe (versuri, 2010);*
21. *Articole, eseuri, vol. I (publicistică, 2010);*
22. *Preaplinul tăcerilor (proză, 2010);*
23. *Poemele iubirii (versuri 2011);*
24. *Articole, eseuri, vol. II (publicistică, 2012);*
25. *Fulgurații (proză, 2012);*
26. *Tremurul gândului (versuri, 2012);*
27. *Articole, eseuri, vol. III (publicistică, 2013);*
28. *Love Story (versuri, volum bilingv, 2013);*
    prefață – Eugen Evu, Doru Popovici.
29. *Dialoguri îndrăgite (interviuri, 2013);*
30. *El și iubirea (versuri, 2013);*
31. *Popasurile vieții (proză, 2014);*
32. *Articole, eseuri, vol. IV (publicistică, 2014);*
33. *Înțeles târziu (versuri, volum bilingv, 2015);*
34. *De vorbă cu Îngerul (versuri, 2015);*
35. *Articole, eseuri, vol. V (publicistică, 2015);*
36. *O mie și una de…poeme (versuri, 2016);*
    prefață – Eugen Evu.
37. *Articole, eseuri, vol.VI (publicistică, 2016);*
38. *Cugetări / Reflections (proză, 2016);*
39. *Antologie selectivă de referințe (proză, 2017);*
    prefață – Eugen Evu.

61 *Voci de Primăvară (versuri, volum bilingv, 2021);*
62 *Vraja anotimpului iubirii (versuri, volum bilingv, 2021);*
63 *Mărturisiri / Testimonials (versuri, volum bilingv, 2021;*
64 *Articole, eseuri, vol.XIII (proză 2022);*
65 *Cugetări / Reflections (2022);*
66 *Dumnezeu ne aude (versuri, 2022;*
67 *Note de jurnal american-vol. 5;*
68 *Articole, Eseuri vol. XIV (proză 2022;*
69 *Antologia de referințe-vol. 2 (proză 2022)*

Made in USA
LULU ENTERPRISES
ISBN: 978-1-387-37502-8
Date: 2/1/2023

www.ingramcontent.com/pod-product-compliance
Lightning Source LLC
Chambersburg PA
CBHW060355290526
45791CB00002B/508